❶ 새미현대시선

영혼과 가슴

김남조 시집

새미

열다섯 번째 시집을 펴내며

　새 시집의 작품 갈피에서 위안과 감사의 심정을 다분히 읽게 되었습니다. 오늘 내가 지나가는 생의 간이역에 이 개념의 이정표가 나붙었나 봅니다. 추운 이가 불가에 다가가듯이 위안을 원하는 이들도 민감하게 이를 감지하기에 때때로 혹은 자주 위안과 만납니다.
　이 세상엔 여러 부정적인 요소와 갖가지 좋은 것이 뒤섞여 무한 산재함을 우리는 압니다. 우리의 시대가 상속받은 유산들의 값진 총화, 그러나 여기에도 인간 스스로의 과오와 부상이 따라옵니다. 실로 그러하면서 우리는 삶을 좋아하는 줄에 서게 되었고 지상의 나날을 가능한 한 오래 허락 받고 싶어 합니다.

이 책은 열다섯 번째 시집이 되며 그간 적지 않는 작품이 세상으로 실려 나갔습니다. 이제 나에겐 새로이 쓰게 될 약간 편의 미래의 시만 남았습니다. 시를 쓰려면 시가 먹을 양분을 영혼과 가슴 안에 비축해야함도 잘 알기에 더딘 걸음으로나마 나는 다시금 정진할 것입니다.

　우리는 함께 있으며 힘과 사랑과 희망을 나눕니다. 다름 아닌, 우리 각자는 연약한 개체이나 우리 전부로선 인류 그 이름이기 때문입니다. 서로가 참으로 소중하다는 믿음으로 이 작은 책을 공손히 바칩니다.

이천 사년 오월

김 남 조

목 차

1

두 깃발 | 11

그 여자 | 13

허망에 관하여 | 14

먼 전화 | 16

베틀에 앉아 | 19

사막 | 20

새 천년의 식탁 | 22

성냥 | 25

자동차 | 27

하얀 새 | 28

시지프스·4 | 30

문학사 | 32

겨울 낙조 | 35

십자로 | 37

봄 노래 | 38

평화 | 41

부상병 시절 | 42

2

노래 있기에 | 47

국기 | 49

고백 | 51

따뜻한 음악 | 52

작은 예쁜 이 | 55

설백의 새해 | 56

이십 세기 | 58

성체 聖體 | 61

노을 | 63

옛 연인들 | 64

나의 시에게 · 3 | 66

좌우명 | 69

근황 · 2 | 71

먼 축원 | 72

사람 풍경 | 74

용서 | 77

항구 | 79

3

우편물 | 83

사계四季 | 85

지나간 사람 | 86

세월 | 88

성에 동산 | 91

근황 · 1 | 92

겨울 꽃 · 3 | 95

그분의 후광 | 96

보통 사람 | 99

작은 평화 | 101

고통에 관하여 | 102

연필심 | 104

어질머리 | 107

월드컵 · 대한민국 | 108

나의 풍경화 | 110

쉬는 날 | 112

촛불 앞에서 | 115

4

참사랑 | 118
기도와 편지 | 121
올해의 가을 | 122
대세代洗 | 125
할아버지 | 127
그네들 | 129
어린 왕자 | 130
삼손 | 132
달 | 134
비분의 천둥 소리 | 136
큰 시인 | 139
명성왕후 비문 | 142
무량한 평화 안에서 | 144
시와 더불어 | 148
팔순 축시 | 150
그의 어머니 | 152
사라짐과 되돌림을 위하여 | 154

■ 작품해설 | 157

1

두 깃발

하나의 깃발보다
둘의 깃발이 더 외롭고 심각하다
공중에 소슬히 당겨져
따로이 묶였으면서
온몸으로 마주 펄럭이다니

옥양목 한 폭의 모세혈관이
올올이 거문고 울리는 게 분명해
노을을 가로지른 새떼가
진홍깃털 그림자 흘린 걸로
온가슴 문신 그은 게 분명해

하나의 깃발보다
둘의 깃발이 더 아프고 숙연하다
저들이 사람을 닮았거나
사람이 저들을 닮은 게 분명해

그 여자

햇볕 쪼이는 푸성귀의 기쁨이
제일로 부러운 여자.
문고리 덜컹대지 않아도
한밤의 바람손님을 아는 여자.
마음에도 날개를 달아
고달파라 고달파라 날갯짓 쉬지 못하고
옛사람 옛산수와도 길을 터
저들에게 찻상 내미는 여자.
나막신 짚신 갈아 신으며
궂은 날 개인 날에 길 걷는 여자.
잉태와 해산이 제일의 장기라
그러자니 어느땐 광야에서
혼자 애 낳는 여자.

허망에 관하여

내 마음을 열
열쇠꾸러미를 너에게 주마
어느 방 어느 서랍이나 금고도
원하거든 열거라
그러하고
무엇이나 가져도 된다
가진 후 빈 그릇에
허공부스러기쯤을 담아 두려거든
그렇게 하여라

이 세상에선
누군가 주는 이 있고
누군가 받는 이도 있다
받아선 내버리거나
서서히 시들게 놔두기도 하는
이런 일 허망이라 한다

허망은 삶의 예삿일이며
이를테면
사람의 식량이다

나는 너를
허망의 짝으로 선택했다
너를
사랑한다

먼 전화

지도에서도 못 찾을
서름한 먼 나라에서
걸려온 전화,
어서 돌아오세요라고 했더니
햇살 반 소낙비 반 같은
모순의 웃음소리가
전화 목소리 걸어오는 길가에
좌르르 깔린다
왜 웃느냐고 물어보니
돌아오라는 그 말이
행복해서라나 뭐라나

반 년만에 일 년만에
잊을만하면 걸려오는 전화
어서 돌아오세요라고 하면
그 말 한번 듣는
천금 같은 재미탓에
못 온다나 어쩐다나

베틀에 앉아

대문 밖에서
애들끼리 어울려 잘 놀다가
슬며시 혼자 집에 들어
엄마 얼굴 한 번 보곤
공연히 물 마시고
웃으며 다시 나가 노는
옛 시절의 한국 아이 같은
얄궂은 도령 있어
늙으막 내 얼굴을
더러 꼭 보자 하네

봄 한철 베틀에 앉아
햇살에서 잣은 실로 비단을 짜서
내 몰골은 가려두고
옷 한 벌 지어 내밀까나

사 막

1

이리 심각한 사나이는
처음 본다
천지개벽 이래
하느님처럼 혼자 살아온
옹고집 독신남자
그 뻑신 남자의 기를
모랫바람에
스륵스륵 칼날 벼르며
스스로도 전율하다니

2

이 세상에서
처음으로 완성된 고요를
이에 뵈옵느니

초월과 영원성
그 상류층 혈통의 맏형님을
이에 뵈옵느니

순교 후에 또 순교하는
단두대와 이슬 내음의 기다림을
이에 뵈옵느니

새 천년의 식탁

새 천년에도
기도는 전날과 같으나이다
사랑의 누룩으로 부풀고
거룩한 불에 구워진 빵을
저희의 식탁에 허락하시되
저희 마음도 맛있는 빵이 되어
서로 나누게 하옵소서
새벽에 솟은 샘물에
이슬 한 켜 얹은 잔을
저희의 식탁에 허락하시되
저희 마음도 정갈한 식수되어
서로 대접하게 하옵소서

삼라만상, 보이는 것과
흐르는 시간, 안 보이는 것까지
피 순환하며 맥박 울리나이다
온 누리 주인이시며
빵과 포도주의 주인께서
저희의 상머리에 함께 계심을
꿈처럼 어렴풋이 뵙게 하옵소서

성냥

성냥갑 속에서
너무 오래 불붙기를 기다리다
늙어버린 성냥개비들,
유황 바른 머리를
화약지에 확 그어
일순간의 맞불 한 번
그 환희로
화형도 겁 없이 환하게 환하게
몸 사루고 싶었음을

자동차

작은 집입니다
지붕 실하여 비바람 막아주고
벽은 사방 유리입니다
구김 없이 펼쳐지는
두루마리 병풍 그림,
금단추 반짝이며
줄을 선 가로등,
우수와 고독의 안개 자욱한
대도시 한가운데
잠시 지금은
그대와 내가 이 집에 삽니다
기죽은 사람의 우수도
손잡고 함께 있습니다

후일 이 주소로
편지 쓰고 싶을 겝니다

하얀 새

누군가가 나에게
순백의 새를 보내 주었다

첫 날의 새는
편지처럼 정감 어려 노래했고
다음 날의 새는
날개에 묻혀 온 햇빛가루로
주변을 반짝이게 하더니
세 번째 새는 섧게 울어
하늘 그리워함을 일깨웠다

광활한 하늘 벌판으로
돌아가거라 돌아가거라고
새들을 날려 보내니
저들 중천에서 선회하다 사라지고
가슴 안 추억의 새들까지

희고 빛부시게 푸드득이노니

세월 너머

오래오래 이러하리니

시지프스 · 4

새천년 첫눈 오는 날에도
그는 산에 오른다
솔기도 없는 거대한 눈덮개가
설산설원을 더 한 겹 다독이니
천지가 숭엄무량하다

그의 바위 먼저 닿은 후
그가 산정에 올라선다
발자욱 하나 없는 천지개벽에
그와 바위, 오로지 둘뿐이라

맨 처음 산행의 업보가
선고되던 날
그의 갈비뼈 하나를 돌 속에 심었기에
가멸한 그의 인기척에도
바위는 귀하게 불을 밝히고
언제라도 그의 산행을 따라 나선다

이로 인하여
새 천년 첫눈 오는 날에도
산상의 시지프스는
젊고 용맹하며 외롭지 조차 않다
아내여 나의 아내여라고
감미롭게 고백하며
시린 돌 위의 눈을 쓸어준다

문학사

이 집은
하세월 완공의 기약 없고
시인은 단 한 장만
그의 벽돌을 얹을 수 있다

혹여 국법으로
문학을 금해라도 준다면……,
야릇하게 간혹 꿈꾸며
혼신으로 벽돌을 굽고 구워도
한사코 숯이어라
한사코 사금파리여라
시인은 준열히 자책하며
그 허무를 운다

문학일래 참담하였다고
시인은 생애의 고백을 남긴다
아울러 문학일래 기쁨 있었다고

겨울 낙조

저리도 고요한 임종
지금 아니본 이는 못 믿으리라
온 세계의 기도 시간…

피 같은 염료
뭔가 영혼 같은 염료로
산과 마을과 나목 숲을 물들이는
장려한 겨울 낙조,

지금 세상을 뜨시는 이
또한 태어나는 이
이 채광으로 살결 덮으라
황송히 위안 받으라
끝과 시작의 날도
살아 생전 모든 나날처럼
참으로 참으로 외롭고 간절함이어니
하여
부디 위안 받으라

십자로

「누굴 기다립니까」「아닙니다」
「길을 잃었습니까」「아닙니다」
「그럼 어디로든 걸어가세요」
「네. 글쎄요」

새하얀 종이새 날아와
내 손에 닿은 종이살결에
햇솔잎으로 그은
연두빛 사연 몇 줄……
나는 답신을 써서 청명한 하늘 저편으로
익명의 편지를 날려보낸다

「기다림은 끝났습니다
길을 찾는 일도 마쳤습니다
이제 봄볕 속에 도착하여
가만히 서 있는 겁니다」

봄 노래

1

좋은 옛친구 하나
땅 끝에서 살다가
서로의 백발 무렵에 돌아왔다
이 서름하고 신선한 감격
감추어두고
몹시 외로운 날
파도치게 하리

2

무쇠못 아니면서
언 땅 어이 뚫었나
신기루에 이슬반짝임을 더한
연두빛 새순밭이네
갑자기 겁 먹노니

혹여 불날까
마음의 산불 될까

3

말하려다 말고
웃으려다 말고
눈 감아
습습한 물안개에 적시우느니
천길 벼랑 밑에서
오랜 세월 디밀어 오른
마침내의 분수이어니

4

어느 명의가 나를 고치리요
그대 아니고선
그 누가 명의리요

평 화

누구라도 그를 부르려면
속삭임으론 안 된다
자장가처럼 노래해도 안 된다
사자처럼 포효하며
평화여, 아니 더 크게
평화여, 천둥 울려야 한다

그 인격과 품위
그의 출중한 아름다움
그가 만인의 연인인 점에서도
새 천년 이쪽저쪽의 최고 인물인
평화여 평화여
부디 오십시오, 라고
사춘기의 순정으로
피멍 무릅쓰고 혼신으로 연호하며
그 이름 불러야 한다

부상병 시절

나의 부상병 시절에
다른 부상병 있어
옆의 침대에 머물렀다
그래서 좋았다

다시금 부상 입고
다친 이 또 있어
그가 내 옆에 있었다
이때에도 좋았다

세월 깊어지면서
부상의 건수 촘촘히 늘고
매번 옆자리 충만하여
언제나 좋았다

차차로 부상에도 익숙해져
성한 날 아픈 날의 날씨가
비슷이 온화하여
이 일도 고마웠다

바꾸어 말하면
당신이 부상했을 때
내가 함께 있었다
친구여

2

노래 있기에

줄기 자라니 잎새 무성하리
가지 우거지면 새들 날아들리라
찰나에 사위는 반딧불이의 촉광도
빛이여 빛이여라 이름하느니

더디게 자라는 희망
손 끝에서 한참 먼 위안마저도
내게 노래 있기에
진실로 노래 있기에
나의 한 생을
과분한 분배로 받드노니

암암히 깊은 샘물
일렁이는 물무늬로
주야 사철 허리 아픈
나의 노래여

국 기

전쟁으로 한 도시가
무너질 때
그도 장렬히 죽는다
보이지 않는 금속의 발판 위에서
한사코 품에 안아 지키던
그의 성스러운 연인을
경건히 땅 위에 뉘이고
제 몸을 덮는다

모든 나라에서
그는 오로지 숭엄하고
빈사의 도시들이
기어이 다시 살아 몸을 일으킬 때
그도 그리스도처럼 부활하여
신성한 연인을 안고
소슬한 공중에
필연 복귀한다

고백

기어이 저질러 버렸구나
사랑의 고백 하나
산탄 되어 흩어졌느니
꽃 피어서 꽃 지듯이
후련히 절로 그리 되었느니
생의 이력서에
기록될
내 마지막 짝사랑이
이로서 완성되었다

따뜻한 음악

바다 건너 더 먼 곳
그의 집으로 나는 가리
세월의 가룻발도 내릴 만큼은 내려
투명한 적설이 되었으리
그는 의자에 앉아 있고
어린 아이가 하듯이
내 몸을 그의 무릎 위에 얹으리
한 생의 무게를 젯상에 올리는
적멸한 예식에
온 세상 잠잠하리
그 사이 흐르는 눈물은
눈물의 끝까지 흘리리라

이윽고 작별하여
나의 지정석으로 되돌아올 때
가장 따뜻한 음악 하나가

동행하여 오고

이후

언제나 언제나 울리리라

작은 예쁜 이

전등빛 그리도 기쁜가
날개짓 그리도 즐거운가
깨알보다 더 작은 날벌레들,
연필 끝으로 점 하나 찍은 심장
맥박 울리고
현미경에나 드러날
두 눈으로
하늘과 태양 모두 보았는가
하루뿐인 생애
유순히 자족하는가

하느님의 유전공학으로
축소된
아주 아주 예쁜 천사들인 게야
놀라운 니네는

설백의 새해

겨울 심장 부위에
새해의 깃발 장엄히 게양되면
순결의 엄위여
일렁이는 불무늬의
그물 퍼지는 전율,
하여
사람들 모처럼 사람다와지고
나라들 나라다와질지 몰라

생의 허락 안에
황송히 더 주시는
피와 가치들과
세월 깊고서야 마침내 아는
다친 영혼끼리의 포옹

오늘은 그 더욱

청결한 설백의 새해

묻고 아뢰노니

이 광명 어디에 갚을꼬

이십 세기

나는 이십세기를 사랑한다
결혼처럼 운명적으로 만나
삶이라는 교육이 시작되었고
전쟁과 죽음의 홍역밭에서
순열한 연모와
삶의 존귀를 일깨웠다

나는 이십세기를 사랑한다
그 전율할 고뇌와 희망들을 사랑한다
넘치는 문명과 심각한 정신사,
별처럼 멀고 아름다운 동시대 인재들의
장엄한 고독을 사랑한다
그들의 빛을 나누어 산 일
심히 영광스러웠다

나는 이십세기를 사랑한다
수치와 상흔들이 들쑤시면
잘못했다 잘못했다고
아아 홍수 밀리는 통한,
그 가슴저린 참회의 미학을 사랑한다
새로운 세기에
교훈과 피를 수혈해주며
세부의 세부까지 신경 울리는
이십세기를 너무나도
나는 사랑한다

성 체 聖體

예수께서 성체 세우심은
살과 뼈 뚫어내는
무쇠못, 가시면류관, 창의 아픔에
그 아픔만치의 사랑을 버물어
그 몸 주신다는 뜻임을

내가 낙상하여
부러진 뼈가 두 자루 비수이듯
엇갈려 박힌 몸으로
잠시 잠시 혼절하며
구급차에 실려갈 때
그 명멸하는 의식이
벼락에 찢기우며
홀연 깨달았다

노을

봄 한철 사람 하나가
몹시 사랑스러웠음이
깊은 죄 아니라면
여름과 가을, 가능하면 겨울에도
황홀한 어질머리
이대로 이대로
선주홍 염료알갱이들이
가룻발로 분해되어
온 하늘에 자욱하길 빌지니라

불빛 돋우려 말고
으스름 밝음이나마
오래오래 불 혀이길 빌지니라

옛 연인들

지난 세월 나에겐
시절을 달리 하여 연인이 몇 사람 있었고
오늘 그들의 주소는
하늘나라인 이가 많다

기억들 빛바랬어도
그 각각 시퍼렇게 멍이 든
심각성 하나만은
하늘에 닿았고
오늘까지 살아 있으니
그들 저마다
어찌 나의 운명 아닐 것인가

그 시절의 여자들은
사랑하는 이에게
손뜨개 털장갑을 선물했으나

나만이 그거나마 단 한 번 못했으니
오랫동안 그분들
손 시려웠을지 몰라

빌고 비오니
그저 영혼 따뜻하게들 계시고
후일 우리 만나거든
그 옛날 장마비처럼 그치지 않던
눈물 얘기도
부디 미소지으며
나누게 되기를……

나의 시에게 · 3

너를 수술대 위에 뉘이고
해부도를 들이대는 짓거리들
더는 하지 않으리
맨손에도 진맥이 잘 잡히는
수척한 네 오장육부

오랜 불화 동안
둘 사이에 둔 은장도 한 자루도 거두리라
상처에 소금 뿌려 부비는
잔혹함도 삼가하리

무엇이나 잊어버리는
건망증의 노년기,
잘 마른 바람 속에 나란히 앉아
아슴한 지평이나 바라보자
지평선 그가 곧
새로이 기억할 오늘의 친구이며

여생의 우리 스승일지니……

해으스름에야
처음으로 편안해지는
나의 시여

좌우명

잎이 아닌 뿌리에서 더욱 봄다웁기를.
능금 익히듯 사람들 마음에 공들이고
충직한 농부에서 모범을 취하여라.
백지를 능가하는 글을 쓰고
침묵보다 나은 말일 때 말하여라.
살고 있는 이와 살다간 이를 동일하게 경애하며
다수의 복지를 섬기는 이에게
앞자리를 대접하고 아울러 그 줄에 서거라
감성에도 이성에도 치우치지 말며
행복에 앞서 가치를 생각해라.
너무 멀거나 너무 가깝지 않은 곳에서
사랑하는 이들의 강녕을 지키거라.
특별한 한 사람 있어 청구받는 애환이거든
흔쾌히 전액 지불해라.
첫째 계명을 끝에 이르노니
만유 위에 주 하느님을 공경하라.

근황 · 2

사람이며 여성이다가
사람이기만 하는 쪽으로
전공을 수정하여
학적과에도 통보했다

새교실 새좌석에
교과서도 바뀌어
우수憂愁 등의 본질적 단어가
서두에 읽혀지고
저만치 원경으론
큰 나무들이 사는 숲의 품격이
황홀히 적멸하다

그런데 여기까지밖엔
더 알지 못하겠다

먼 축원

그곳 평안하시면
나에게 그 좋은 그림자 드리우고
가얏고 소리 울리면서
그곳 두르고 남은 노을 한 자락이
나 사는 세상 하늘화선지에
넉넉히 번지리라

하루는 한 몸 내외인 걸
낮과 밤으로 쪼개진 듯이
우리도 갈라져
못만나는 천지간에 따로이 머물건만
이런 날은 함께 있는 안도를
능히 일깨우느니
인간사 깊어지면 상당히는
좋고 고마움을 배우는구나

그대 머무는 먼 그곳은
부디부디 축일이기만 하여라

사람 풍경

그는 「사랑」을 몰랐다
좋은 사람이라 싶은 이나
예쁘다고 여겨지는 사람이
칭찬 비슷이 말하거나
미소 비슷이 웃어주면
타는 듯 몸이 더워오는 황홀감이
「사랑」인줄 알았다

사랑을 위해
목숨도 버린다는 말이
흐릿하게 잡히는 기억 속에서
거룩한 숯불로 피어올라
이 종교에 입교까지 했다
하세월 아무 일도 일어나지 않고
세월이 흐르는 강가에 꽃이 피어
꽃이 간혹 웃어 주었다

어찌 어찌하여
그가 결혼하게 되었는데
식장에서 주례가 그에게 물었다
「이 여자를 사랑하는가.
 한평생 사랑하겠는가.」
그는 몹시 어지러웠다
어떤 아슴한 메아리가
전류처럼 위험하게
황야를 선회하고 있었다

용 서

용서 있어야 한다면
기꺼이 용서하리라

처음은
민망한 배고픔과 착오를
스스로 용서하고
아슬아슬 허깨비놀음을
맛있게 받아먹던
눈 먼 세월을
다음으로 용서하고

그 세 번째는
여름 폭양과 가을 햇볕 아래
부상을 안은 채 걸어서 귀환하는
만성불치병의
뜨거운 한 여자를
도리 없이 용서하리

항 구

하세월 표류해 온
나의 일엽편주가
뱃전 스치고 다시 떠나노니
만약에 예서
추운 이를 만나거나
눈매 글썽이는 따뜻한 사람을 알았더면
나는 기슭에 배를 두고
뭍에 올랐으리라
내 배는
바닷길 만경창파에
흘려 보냈으리라

3

우편물

내가 못 가는 곳에도
나의 책은 우표 붙이고 간다
책갈피 첫머리
저편 이의 이름을 쓰곤
시린 손을 잠시 댄다
가서 안부 전하고
호젓이 그 옆에 오래 머물라고
그가 외로울 땐
그 더욱 옆에 꼭 있으라고
마음 깊은 당부도
안 보이게 함께 간다

사계 四季

겨울 아침은 춥지만
잠시 후 낮에 이르면
따뜻해진다

여름 한낮은 덥지만
잠시 후 밤에 이르면
선선해진다

봄은 밤낮이 싱그럽고
태어나는 거 자라는 거
천지간에 가득가득

가을은 밤낮이 깊고 간절하여
떠나는 이와 남는 이
서로의 축원 한량없다네

지나간 사람

말하지 않고 보낸
나의 진실 하나가 오래도록 아프다
그가 죽는 일 외에는
용서 못할 어떤 잘못도 없으리란
말 한 마디를
가슴 깊이에 은밀히 묻었었다

그 시절 나는
낡은 풍금의 모든 음계를
시도 때도 없이 울려 어지러이 소리내는
위태롭고 다급한 과민의 처지였고
사실은 그에게 마음 끌려
평형 가늠할 수 없었음을
옹색한 궁리로
그를 버려 그를 잊으려고만 작정해
기어이 떠나 보냈다

오늘은 진종일 비가 내리고
빗물 위에 엎드린 어둠이
그 사람을 등에 업은 듯하고
아니면 그 사람이
태산 같은 어둠을 업은 듯도 하면서
그가 두고 간
관용과 우수의 무게를
더 쓸쓸히 깨닫는다

세 월

가을 서리 한 마당에
화약 그으름도 씻기어라
불인두 들고 설치던 여름도
사람으로 치면
떠나가는 저 분이로구나

햇빛 온화해지고
밤엔 별떨기 생수 뿌리니
치유의 절기여라
다투고 헤어진 이들 돌아오고
부디 반가이 맞이해 주거라
돌아못올 곳이어든
그 자리 강녕은 하시어라

졸음 와 눈시울 감기니
목마른 사랑 따위, 또는 돈타령이거나
연민할 인간사의 시름을 잊고

잠시 눈감아 쉬리라

갓 염색한 옥빛 순한 하늘을
다시 볼 즈음엔
세월의 산마루 그 하나를
어느 새 또 넘었으리

성에 동산

이로써 된 것이니라
끝의 끝임을 예 와서 믿느니라
성에 동산 외줄기 길을
몽유병처럼 몽롱히 울며 가느니
이슬 얼어 얼음보석인 것들
내일 해 뜨면
눈물 되어 모두 승천할 일이어늘
사람 세상의 어느 이별인들
이런 날
그 죄를 물을 순 없다

하면 된 것이니라
성에 동산 꿈 속 같은 노을은
괜찮다 괜찮다면서
물 흐르듯 잠겨갈 뿐이니라
정녕 이뿐이니라

근황 · 1

나의 집 외떨어진 방에
음악이 헐렁하게 앉아 있다
어른이 된 음악은
그가 있어야 고요하다

아직도 정온은 완성되지 못하였다
고작 어설픈 말재주와
그 말재주의 형벌이
얼음주사위로 달그락거리는
시린 가슴 하나 외에
더 무엇이 내게 있는가

오늘도 금싸라기의 하루를
모래 한 줌과 바꿔 버리고
이제 해으스름에
살결에 녹아 스미는
셀로판지 같은 상념들,

내밀한 책갈피에서
사라졌다 돌아오는
영혼의 분신들이라거니
거창하게 말하고 싶은 게
나의 죄업이다

정온과 침잠에 입문할 나이라고
그 생각 숙연히 치받는다

겨울 꽃·3

줄기 잘리고 팔려온
겨울꽃바구니
애처로이 불 밝히고
시간 안에 사위는,
어쩌면 이리도
사람의 명운 그대로인가

「눈을 떼면 안돼」
내 마음 소리지르고
마음 깊은 곳의 부품들이
서걱이며 부딪히더니
곤두서는 불꽃과 화상부푸러기
아아 네 목숨 장하여라
참으로 장하여라고
큰 울음 불러내는
눈과 얼음의 날의
꽃아

그분의 후광

이육사 그 어른은
어쩌면 그리도 시 자체이신지 몰라
시인의 현란한 칭호는
몇몇 다른 주인에게 주어
앞줄에 내세우고
그 자신은 옥중 순국하는
절명지 감옥에서
휘영청 밝은 칼날의 결의보다
더 단호한
순정의 문법으로
「꽃」을 노래하시다니
춥고 정직한 벌거숭이의 진실이
기어이 생명이었다니

그분의 후광에서
절망의 부싯돌 일제히 불 켜지고
꿈도 가설도 아닌 진짜배기의
조국 광복이 솟아나다니

보통 사람

성당문 들어설 때
마음의 매무씨 가다듬는 사람,
동트는 하늘 보며
매번 인사하는 사람,
축구장 매표소 앞에서
온화하게 여러 시간 줄 서는 사람,
단순한 호의에 감격하고
스쳐가는 희망에 가슴 설레며
행운은 의례히 남의 몫인 줄
여기는 사람,
울적한 신문기사엔
이게 아닌데, 아닌데 하며
안경의 어룽을 닦는 사람,
한밤에 잠 깨면
심해 같은 어둠을 지켜보며
불우한 이웃들을
근심하는 그 사람

작은 평화

산천 바뀌고
정든 이들 북망길 가고 가는데
다시 만나리니 너무 상심치 마라고
보슬보슬 말도 하는
나의 작은 평화

하세월 여러 낮밤
두 손으로 물 떠먹여
설한과 염천에도 아슬아슬 길렀더니
후반생 저물녘에랴
녹두 빛줄기 실타래에 향료 풀어
담향 자욱하여라
나의 작은 평화

고통에 관하여

고통이 순금의 순도일 때
사람이 참아내는 한계는 사흘간이란다

천주교 박해 시대
사람을 거꾸로 매달아 방치하는
사형법에 있어서도
사흘에 이르면
두피에서 선홍의 이슬처럼 피가 배어나오고
혼수가 길게 삽입됨으로
고통의 순도는 무너진단다

이에 비하면
너무나도 졸짜의 고통이 나를 찾아와
둘이서 석 달간 동거했다
신앙처럼 배양하던 씨앗이 모조품 종자임을 알게 되어
마침내 미숙한 자가수술로
씨앗 부위를 도려내었는데

칼 끝에 괴는 섬찟한 선혈이
기이한 감미로움으로
지진처럼 나를 흔들었다.

고통은 잠재의식이라는
방으로 사라지고
느린 주사액 같은 유혈이 멎을 즈음
한꺼번에 여러 손님이 왔는데
그들의 이름은
모두가 「가을」이었고
그들 앞에서
오랜만에 내 눈시울이
아리게 젖어들었다

연필심

나 발가벗은
연필심이야
그러니 글씨 쓰려 하지마
나는 부러질 거고
독한 허무를 떠먹일 거야

나를 만지지도 마
너를 찌를지 몰라
위태위태하게 곤두선
나는 맹목의 가시야

향나무 옷 입고
꿈꾸던 나날
넌 어디 갔었니
살비듬 뭉개지던 세월
넌 어디 있었니

이젠 아니야
입술에만 닿아도 해로운
새카만 아연

나 연필심이야
부러져도 그냥은 아니고
동강동강 절망의 몰골
기막힐 거야, 나는

어질머리

새벽잠 깨어 보면
병이 나를 안고 있다
아이처럼 뒤척이며
간밤에도 병과 둘이 잠자고
오늘도 온 하루
그와 함께 나들이하거나
여숙을 찾아드는 나그네처럼
그가 기다리는 방에 돌아와
둘이서 램프를 켠다

병이여 한평생 못 고치는
내 어질머리여

월드컵 · 대한민국

질주가 멈추어도 날아가는 공,
칠백만 장의 붉은 셔츠와 이천만 장의 태극기를
박음질한 실의 길이로 치솟는
장쾌한 비상……

단언하건대
우리는 승리지상주의자가 아니다
승리만으론 그 가치가 어찌 숭고에 닿겠는가
가장 오래 기쁨에 굶주렸다가
일시에 온 겨레 충천하는 기쁨,
모든 이 한 마음으로 얼싸안아
활화산 터지는 나라사랑, 겨레사랑,

이상하다 이상하다
아직도 기쁨에의 감수성이
수정구처럼 영롱히 닦여 있었더란 말인가
실로 그 때문에

승리가 우리의 손을 들어주고
최선이 우리를
위용의 자리에 세워주었다

연주가 끝나도 울리는 음악,
눈물 내음의 물안개 서려오르는 이 음악,
아아 세상에서 가장 쓸쓸하던 나라 이름
대한민국이여
가장 지혜롭고 복된 나라 이름
그 대한민국이 부디 되자

나의 풍경화

버릴 게 없다
포장술도 학문인 시대
포장지와 속종이, 리본까지 챙겨둔다
창문에 어른대는 나무그림자도
벗어 걸어둔 그 의복이려니

남루와 빛바램도
낱낱이 유정하고
빨랫줄에 나란히 앉은 새떼
어여뻐 가슴 아려온다

공원에서 햇빛 쬐는
노인들 모습에선
양귀비꽃처럼 붉고 멀미나던
반세기전 전쟁과 비련들이
오늘의 상흔으로 되살아난다

어쩌자고 나의 감수성은
이적지 어른이 못 되어보고
천재들의 지식인
심오한 권태와도 못 만난 채
전기 흐르는 사춘기의 심사만
오로지 능사인가

쉬는 날

친구여 예 와서 쉬어라
세월의 회랑을 엇갈려 돌면서도
계절풍 바람자락에
마음의 살결 수시로 닿았느니

수십 년 오랜 나달 동안
저마다의 끈에 서로 묶여 지냈으되
아쉬운 노을 속절없이 사위는
이 해저물녘에랴
가지 벋어 얼싸안는
못 말릴 나무라한들
무슨 허물 될 일인가

소담한 초가삼간
우리의 쉼집을 마련했으니
시원한 눈매로 선선하게 쉬자
세상이 손짓해 부르거든

쉬는 날이라 하렴
그 사이 여러 친구 북망산 넘어가고
몇 사람 겨우 남아
헐렁한 사랑 한 필
나눠 덮는다 하렴

촛불 앞에서

사별한 이의 생일
암암한 고요 가운데
무명심지, 진홍불숭어리의
촛불 한 자루
바람도 흔들지 못한다
슬픔 달이고 졸인
영혼의 땀과 눈물

절망도 동이 나면
희망에 닿을지 모른다고
이별과 죽음인들 한품에 안아버리면
촛불 사위듯 그저
평화일 따름이리라고
밤 이슥히 이리 일깨우네

4

참사랑

미국의 작가 펄 벅에겐
백치인 외동딸 있어
바람이나 파도처럼 오로지 한 생애가
태어난 그대로 자연의 자매였다

딸의 나이 사십 무렵엔
해변의 요양소에서
즐겨 음악을 들었는데
클래식에는 간간히 머리 끄덕이고
재즈엔 머리 가로저었다

펄 벅 여사는
숙연히 감탄하면서
내 자식은 영혼의 고귀함 있어
예술의 진수를 안다고
그녀의 가장 비통한 책인
『자라지 않는 아이』 속에

서술하고 있었다

참사랑일진대
슬픔으로 지축을 뚫어내고도
어여쁨이여 어여쁨이여 어여쁨이여라는
그 노래 그치지 않는구나

기도와 편지

기도와 편지는 닮았어라
그대 앞 친전도 신은 이를 읽으시고
기도 구절 은밀해도
그대 응감엔 들키는 걸

기도와 편지는
무명옷에 무명수건 쓰고
머리 수굿이 해 그늘 밟아가는
그런 사람 같아
마지막 몇 개비의 성냥을 아껴
모닥불 삼가고 참는
그런 심사 같아

간혹 보석에 금이 갔는지를 살피듯
겹겹 감싸인 것을
공손히 두 손으로 펴보는 일도
둘이 꼭 같아

올해의 가을

영접 못했어도 그대는 온다
궁금증 간절하되 눈길 못준 내 형편에도
용서 잘 하는 연인처럼
환한 가을이 들어선다

선풍기 바람마저 차례에 안 오던
식민지 아이적부터
사모하며 손꼽아 기다리던
잘 생긴 손님, 가을

잦은 열병치레이던
사춘기적 열망은 빛바랬으되
내 독백의 습관은
더욱 정직 적막하고 숙달 지경이니
오늘 나의 사랑 고백은
그대에게 바치련다

아아 이리 깊은 세월에도
그대는 젊디젊으시니
나는 민망하고 송구하여 기죽은 몸이어라
아름다운 가을이여

대세 代洗

정한모시인 임종 때
자부의 손에 대세 받았고
시인 김사림에게
평생에 단 한 번 내가 대세 준
그 두 시간 후에 숨을 거두었다
생애의 시간 끝자락과
청결한 영혼의 첫시간에
주님 앞에 서게 된 그들은
내게 있어 언제나
순결한 초상화이다

아름답게 살고
진정한 시를 남기려면
작두날 위에 설만큼의 수련과
후세의 형벌까지 미리 받아야만 하리
이 서원도 대세에 버금가리

할아버지

네살박이 어린 준민이가
부모의 외출에 데려가 달라고
울먹이며 제 가슴을 친다
가슴이 마음이며 자기라는 생각
어찌 하게 되었을까
두 살 위 사촌형은
수십 장 공룡을 그리며 놀고
햇솜 같은 유민이는
슈크림처럼 맛있게 웃는다

이 애들 자라면
할아버지라는 이름을 알려주리라
세상은 죽은 이라 할지라도
너희에겐 절대로 살아 있고
아주아주 많이
너희를 사랑한다고
거듭 말해 주리

그네들

차라리 어여뻐라
원수 갚듯이 부딪고 할퀸 후에
불같이 또 사랑하는
대책 없는 격정들,
살점 찢는 사슬과
이를 녹이는 환희,

화면에서 보거나
주변에도 흔한
막무가내의 충동과 폭발이
아찔하면서 부러울 때가 있다
저들은 살아있고
나는 죽었구나 여겨지며
어여뻐라 어여뻐라고
정녕 감탄한다

어린 왕자

프랭키*는 난장이 어린이
별과 모든 아름다움이
너무나도 황홀하여
언제나 햇살 번지는 미소,
프랭키는 외톨이 어린이
그 어머니 외로움 못 견뎌 생목숨 끊은 후에도
이상하여라
별과 모든 아름다움은 예대로 남아
아아 아름다워라 아름다워라는
감격도 예대로 남아

배고픈 세월 지나
감동하는 힘으로 어른 되어
별에 관한 책을 펴내고도
이상하여라

별과 모든 아름다움은
그 더욱 무궁하게 남아
남아… 남아…

프랭키는 자라지 않는 어른,
지구라는 별의
기쁜 「어린 왕자」

* <프랭키>라는 영화를 보고

삼 손

그는 두 눈을 잃고
놋사슬 두 줄을 끌며
옥에서 연자방아를 돌린다
힘의 비밀을 누설하여
하느님을 떠나시게 한 통한,
그러나 통한보다 더한 고통은
가슴 에이고 또 에이는
하느님 그리움

하느님은 나의 힘이시다
하느님은 나의 힘이시다
이 하나 맥박 울리는 오랜 기다림의 세월······
마침내 기다림 자체가
신의 응답이심을 안다

이윽고 그의 처형의 날,
신이 되돌려 주신 힘으로
신전의 두 버팀돌을 밀어 엎어
브레센의 추장과 추종자들을 모두 섬멸하고
장렬하게 삶을 마친다

천국에서 눈뜬 이가 된 삼손은
지상의 사람 세상에서
눈앞이 캄캄하다는 탄식이 들리면
좋은 등유를 가득 담은
환한 등잔을 들고와 건네주며
겸허하게 말한다
나는 절망하지 않았습니다
당신도 그리 하십시오, 라고

달

오늘의 달은
친숙한 사이면서 오래 못 만났다가
다시 보는 사람 같다

때로는 중천에
어느 땐 서천에 자리하며
그 빛깔도 유백색,
검으레 그림자색,
복숭아빛, 귤빛,
내면의 출혈이 밖으로 번지는
사람의 가슴 빛깔
속이 꽉찬 나머지
스믈스믈 밖으로 흐르는
순금용액 같기도 하다

달이여
훗세상의 밤하늘에도 부디 솟아올라
이승처럼 좋은 천지이기를

비분의 천둥소리

- 대구지하철 참사

예약되어 줄을 섰던
당신의 미래
빛이 폭발하는 아침과
해 저물어 그윽한 밤들이
살해되었습니다

이를 어쩝니까
이 시대 내 나라의 대구지하철 참사
이 범죄, 이 형벌
무슨 갚음으로
그 통한을 갚아 드릴지요
부디 용서하십시오

숨쉴 공기도 없는
칠흑의 어둠 속에서

당신의 핸드폰
처음엔 위급을 알리고
그 다음 절망을 고했으며
마지막으로
사랑한다는 유언을 말씀했다지요
그러한 님들을 끝내
불과 잿가루 속에 가두었으니
아아 절대로 절대로
용서하지 마십시오

오늘도 당신을 부르는
온 겨레의 그리움은
만년설의 추위로 얼어붙고
천지는 짜디짠 소금밭입니다

그러한들
생목숨의 손톱 하나도 되돌리지 못함을
천번만번 용서하십시오

아닙니다 아닙니다
시퍼렇게 날이 선 꾸지람으로
온 하늘 천둥 울리십시오

큰 시인

시인의 병실엔
온화한 겨울 햇빛이
서로 잘 어울리는
주인과 손님으로 함께 머물고
이승의 시간
열 다섯 주야를 남긴
시인의 모습은
애처로이 아름다웠다

선생님……
비통하게 마음으로만 불렀는데
알아들은 듯 깊이 끄덕이시고
침묵 중에
사람의 할 말이 바수어져
공중에 증발하는
무량적멸이라니

그러다 내가 말했다
「시인선집 등의
 선생님 작품은 제가 고르겠습니다.」
그분은 환하게 끄덕이며
나직이 말씀도 한다
「육백 편쯤은 되니까……」
분량은 넉넉하리란 뜻이다

작별 즈음에
그분의 볼에 내 뺨을 대었다
아주 잠시,
그리곤 병실을 나왔다
자부의 말이
오늘이 제일 환하시다 했다

성탄 전야에 영면하시니
수일 간의 어수선한 장례절차가
한 장의 얇은 간지로
그 생애의 책갈피에 삽입된 후
시인은 다시 돌아왔다
그리하여
영원히 여기에 살으신다
「한국시」 이 집에

명성황후 비문

아득히 장하신지고
국가 비운의 암암한 시대에
지존의 배필께서
지혜와 용맹으로
구국의 선봉 되셨음이여

여기에 감히
황국의 곤전을 해하는
흉진이 어찌 번득였을꼬
황후시여
이 나라 유구한 역사에서
가장 심각한 통분이며 치욕이
바로 이 일이나이다

하오나 다시금
세계 안에 약진하는
조국 되었으며

황후의 단심을
이 겨레의 심장으로 품으오니
평안히 고향에 쉬시며
조국을 길이 가호해 주소서
오오, 황후시여

무량한 평화 안에

- 구상 선생 조시

엊그제 깊은 밤에
지상의 삶을 문 닫으시고
영생의 부신 세상 거기에서 눈 뜨실 때
하늘나라 그 하늘도 이곳처럼
아슴한 청자빛깔이더이까

영원이니 영생이니 하는
그 어려운 책을
꿀맛 당기듯 골똘히 읽으시고
만들어진 자, 사람으로써
만드신 분, 조물주를 기리며
전화 문안 자주도 여쭙더니
지금은 해갈의 단비 속에
미소 지으시나이까

무사가 그의 칼날을 벼르듯
그 자신의 정신의 칼날을 벼르시며
명징하고자, 의롭고 온유하고자
목숨 걸고 인내하고자
그리고 그 이상으로
사람이 저지르는 갖가지 잘못에
「구상」 그 자신이 가담되었다고
준열히 자책하시니
한 생애 모든 나날이
폭풍 속의 수련장이었나이다

수많은 사람 전교하여
진리 안에 입교시키고
그 몇몇은 임종 무렵에 대세를 주어
저승의 문턱까지

울며 업어 건네었으니
평신도 사제이시며
실천하는 선비, 그 사람이
어찌 아니시겠나이까

바라보기만 해도
가슴 저려오는 혈육의
그 원수 같은 사랑과 집착.
그러한 가족들을 차례로 땅 속에 묻으시고도
감격하는 감수성은
어찌 그리도 많이 남았던지

아파트 베란다의
햇빛 없이 피어난 꽃들과
애잔한 풀벌레까지도
연애편지보다 더 순열하고 실하게
시로 읊으시다니

하오니 지금은 그저
주께서 마지막 하신 말씀 그대로
「이젠 다 이루었다」고만
나직히 말씀하소서

모든 것은 지나가되
언젠가 서로 닿기 마련인
세상사의 명운이 지극감사이옵고
하여 필연 다시 만날 일을 믿나이다
부디 또 부디
무량한 은총과 평화 안에
기리 평안하소서

시와 더불어

나의 주님
때때로 제 골수에
얼음 용액을 따르시니
이 추위로
시 쓰나이다

사람은 길을 찾는
미혹의 한 생이오니
이 어설픔으로
시 쓰나이다

이웃을 제 몸처럼
사랑하라 이르시나이까
사랑은 하되
필연 상처 입히는
허물과 회한으로
시 쓰나이다

날빛 같은 날에도
먹장 같은 날에도
아가들 태어남이 숙연하옵고
이것만은
늘 잠깨어 반짝이는
모든 아름다움에의 민감성
이 하나로 재주도 없이
한평생 시 쓰나이다

팔순 축시

-권이혁 선생

사람은 누구가
그의 삶 한 페이지를
통한으로 기록하는 작가라
이를 것이언만

이 어른이야말로
자신의 참모습을
준열히 명징하게 거울에 비추었고
천부의 선비정신으로
통렬히 기록하였느니

조국이 식민지이던
젊은 날 그 치욕과 울분과 궁핍에서도
신명을 다하여 오로지 학문과 연구에
몸 바치련다고

스스로의 지표를 깃발 세웠고
동지와 후학들이
이에 뜻을 합하니

다수의 영재를 배출하고
보건복지를 융성케 함으로써
시대에 공헌했으니
이제 무슨 모자람이 있으리
큰 스승이여

그의 어머니

-이필이 여사

사랑하는 자는
율법을 완성한다 하신
성서의 말씀 그대로
이승의 칠십 평생을
사랑과 헌신 다함없었으니
두고 간 세월에조차
향훈 서리는구나

그분은
딸과 아내와 어머니의 길을
바르고 온화하게
성심으로 걸었으되
특히는 자녀들을 지혜롭게 훈도하여
출중한 인재 되게 했으니
그들이 세상에 바친 공익의 열매는

어머니의 덕성에 뿌리를 둔
그 나무에서 얻었도다

천성의 선함과 관용을
널리 나누어 한평생이니
그 이름과 그의 삶이
많은 이의 가슴에서
오래 보배롭도다

사라짐과 되돌림을 위하여

망망대해에서
아슴히 육지가 보일 때의
겸허한 희망,
그러나 육지에 닿기까지
아흔아홉 번은 더 절망하리라

마침내 뭍에 닿아
닻을 내릴 일이언만
어느 날 또다시 출항하여
만경창파 갈피갈피에서 읽는
암울한 글씨들에 취하고 지쳐
사람 세상 그 지평을
거듭 그리워하는
다함없는 되풀이려니

안식 없는 삶이여
지금은 어디로 가고 있는가
잃은 것과 얻은 것은 무엇이며
사라져 파묻혔다가
새살 돋아 되살아난
궁극의 가치는 무엇인가

모처럼 영혼까지 따스하던
은총의 한 시절은
누구와 나누었으며
그 다음은 어찌 되었는가

정녕 어찌 되었는가
높고 깊으며
마음 실타래 죽기까지 풀리는
유정한 삶이여

■ 작품해설

수도자의 아득한 道程, 구원에 이르는 사랑시학

이 길 연(문학평론가)

1. 도정의 길 위에 서서

　김남조 시인은 6·25 전쟁이 한창 진행 중인 1953년, 임시수도 부산에서 시집 『목숨』을 상재(上梓)함으로 등단했다. 등단 이후 그동안 상재한 시집만도 열네 권에 이르며, 이번 시집에 포함된 작품을 포함하여 줄잡아 천여 편에 달해 우리의 시문학사에 뚜렷한 업적을 남기면서 해방 후 우리 나라 시단의 중심에 대표 시인으로 자리매김하고 있다.

　시인의 첫 시집 『목숨』 이후, 이제껏 많은 연구자들이 그에 관한 평가에서 초기에는 '감수성'이 짙은 작품을 구사하다 후반에 오면서 '신앙적인 색조'가 많이 나타난다고 지적하는가 하면, '사랑시'에서 '기도시'로의 변모과정이 보인다고 언급하기도 한다. 이와 같은 근거로 김남조 시인을 '사랑의 시인', '사랑의 사제' 혹은 '기도와 참회의 시인'으로 부르는 등 대체로 종교적 색채가 짙은 평가가 주조를 이루고 있음을 알 수 있다.

　시인에게 있어 이와 같은 종교적 성향의 문학관이 형성된 데에는 무엇보다 시인의 심오한 신앙적 체험이 커다란 기저를 이루고 있다. 시인의 전기적 사실에 근거하면 그의 신앙적인 체험은 일본에서 여학교를 다닐 때부터 나타난다. 폐결핵으로 휴학을 하고 집에 누워서 어머니가 벽에 걸어놓은 성화(聖畵)를 바라보며, 혹은 성물가게에서 구한 예수의 그림을 보면서 "한없이 깊고 깊은 연민의 눈빛, 그분은 진정한 나의 신이요, 그리스도"라는 절대자와의 해후와 영접이 이뤄진다. 또한 시인은, 한밤중에 신열이 치솟으며 심하게 앓고 있을 때 "천정의 문양이 꽃뱀 뭉치로 엉켰다 풀어지곤 하는 환각"에 밤새 시달린 적이 있다. 김남조 시인은 "희미하게나마 부모보다 힘 있는 분이어야 한다는 생각에 예수님에게 무서운 환영이 원래대로 그림 속에 흡수되게 해달라고 간절히 기도"(<세 갈래로 쓰는 나의 自傳 에세이>)를 하게 된다.

특히 시인의 신앙생활 가운데 어머니의 영향은 자못 크게 나타난다. 그의 어머니가 돌아가시며 남긴 유언이 어느 "한 젊은 신부에게 당부하여 그 신부가 죽는 날까지 날마다 기도 중에 당신의 딸을 위해 몇 가지의 축원"(<나의 어머니>)을 해줄 것을 부탁할 정도로 시인에 대한 어머니의 믿음과 신앙은 지순무구한 것이었다. 결국 이러한 그의 신앙체험은 이후에도 계속되었고 그의 종교적 세계관과 문학적 특성 가운데 지대한 영향을 미치게 된다.

2. 막달라 마리아의 영토

김남조 시인의 작품을 천착하는데, 시인의 시업(詩業)의 진원지를 찾는다는 것은 정신사적 단면을 시추하는데 중요한 단서가 되리라 생각된다. 김남조 시인의 시업에 있어 가장 중점적인 모토를 형성하고 있는 것은 앞서 언급한 바와 같이 기독교, 구체적으로 말해서 카톨릭을 바탕으로 한 종교적 세계관이다. 이러한 종교적 차원의 세계관에 바탕을 둔 그의 '사랑시편'들은 대체로 신앙시적인 성격을 띠고 있는데, 이런 경향은 그의 초기 시에서부터 드러난다. 이에는 절대자에 대한 찬양과 감사, 사랑과 은총뿐만 아니라 절망과 좌절, 고통과 인내 등 양면성을 내포하고 있다.

특히 두 번째 시집의 명칭이 된 『나아드의 향유(香油)』는 막달라 마리아가 예수의 발에 부어드린 향유의 이름에서 연유하고 있다. 막달라 마리아가 예수의 발에 기름을 붓고 사뭇 자신의 머리카락으로 씻어드리는 행위는 예수를 주로 믿고 자신의 모든 것을 바친다는 헌신의 행위이다. 그러나 막달라 마리아는 마귀가 들린 정신이상자로 행려 생활을 했는가 하면, 일설에 의하면 몸을 파는 창녀로, 세상으로부터 돌팔매를 당하는 처지의 여인이었으나 예수에게 구원을 받은 후에는 정상인이 되어 그를 사모하는 뜨거운 정열을 간직한 여자가 되었다. 그러나 예수가 만인의 구세주인 것을 알고는 귀의의 서원을 하고 마지막까지 사역을 감당하여 은총의 성녀가 되었다. 예수가 십자가에 달려 처형되는 마지막 장면을 지켜보았는가 하면 안식 후 예수의 부활을 가장 먼저 목도한 여자이기도 하다. 시인은 그러한 막달라 마리아가 검은 머리를 풀고 한없는 참회의 눈물로 애통해 하는 모습에 관해 유별난 관심과 의미를 부여를 하고 있다.

① 더운 눈물이 줄줄이 돌 속으로 스며들고
　 마지막 일몰과도 같은 검고 차거운 바람만이
　 밤새워 불어 오는 이 적요한 무덤에까지
　 일체의 비교를 넘으신 당신의
　 슬픔과 죽으심을 섬기러 왔사옵니다
　 主여

　　　　　　　　　　　　-「마리아·막다레나」일부

② 죄와 울음의 여자
　 일곱귀신이 몸속에 살아 일곱 가지 귀신굿을 하던 여자
　 모두 잠들면
　 이럴 수가 차마 없을
　 寂寞한 여자

　 (중략)

　 눈물이며는 눈물에 감아 빗은 머리채며는
　 잘 비벼 적시는 甘松香油며는
　 아아 湯藥보다 졸아든 평생이 죄,
　 모든 참회며는
　 주님의 발에
　 간절히 한번만 닿아보게
　 허락하시올지

　　　　　　　　　　　　-「막달라마리아」일부

③ 돌도 사위고 말
　 이천년의 세월

이천년 줄곧 타는
　　불화로의 가슴 그 여자
　　언제 어디서나
　　주를 따라 맨발로 달려가는
　　머릿단 길고 검은
　　유태 여자

　　　　　　　　　　　　　-「막달라 마리아」 일부

　위의 詩들은 그동안 '막달라 마리아'라는 이름으로 발표된 작품들로, 각 시집의 순서별로 보면 ①은 제2시집 『나아드의 향유(香油)』에, ②는 제9시집 『동행(同行)』에 그리고 ③은 제11시집 『바람 세례』에 나타나 있다. ①의 '마리아·막다레나'는 다음의 '막달라 마리아'와 동일한 명칭으로, 막달라 지방의 출신인 마리아를 의미한다. "슬픔과 죽으심을 섬기러" 왔다는 구절은 막달라 마리아가 예수의 사형 현장에 생명의 위협을 무릅쓰고 따라가 운명하는 순간을 지켜보았으며, 예수의 시신에 향품을 발라드리기 위해 안식 후 무덤에 갔다가 부활한 예수를 제일 먼저 목도하는 등 예수의 십자가 죽음과 부활 사건을 함축적으로 보여주고 있다. ②의 "일곱 가지 귀신굿"에 내포된 의미는 귀신이 들려 괴로움과 고통의 나날을 보내던 그녀의 삶이 결코 평탄치 않았음을 나타내며, 예수와의 만남을 통해 정신이상과 같은 병마에서 벗어나 새로운 인생을 살게 되었음을 보여주고 있다. 또한 이는 값비싼 甘松香油를 예수의 발등에 부은 후 머리채로 닦아드리며 자신이 지은 죄를 참회하는 내용을 형상화하고 있다. ③은 막달라 마리아의 행적에 관해 "복음이 전파되는 땅 끝까지 전하리라"는 예수의 말씀에 따라 아직도 그녀의 '불화로'와 같은 정열이 현세에 전해짐을 묘사하고 있다.

김남조 시인은 그의 산문에서 막달라 마리아에 관해 '죄와 통회의 성녀'이며 '애환의 두 극점'이 함께하는 여인이며 "그의 영혼의 내포는 거대하며 그 거대함의 용량 전부로써 번뇌하고 사랑하고 헌신하면서 높이높이 동반하여 인류사의 최고인 분의 전령(全靈)을 남김없이 포옹해 드리게 되었다"고 증언한다. 그러면서 여기에 "완미한 정점과 완미한 심연"이 모두 있기에 "내 허약한 문학혼의 아득한 지향을 이 곳에 두고자"(<세 갈래로 쓰는 나의 自傳 에세이>) 한다고 시인은 밝히고 있다. 또한 "당신의 예수를 나도 사랑합니다. 나도 그분의 발을 향유와 눈물로 닦아드리고 싶고 나도 부활하신 그분을 만나 뵙고 싶습니다."(<막달라 마리아께>) 라고 고백한다. 김남조 시인은 자신이 추구하는 "거대한 사랑의 모범을 찾아 막달라 마리아의 영토 그 기슭에 기항"할 것을 밝히고 있는 것이다.

이와 같은 시인의 '신앙시편'은 역시 이번 시집에서도 나타난다.

예수께서 성체 세우심은
살과 뼈 뚫어내는
무쇠못, 가시면류관, 창의 아픔에
그 아픔만치의 사랑을 버물어
그 몸 주신다는 뜻임을

내가 낙상하여
부러진 뼈가 두 자루 비수이듯
엇갈려 박힌 몸으로
잠시 잠시 혼절하며
구급차에 실려갈 때
그 명멸하는 의식이
벼락에 찢기우며
홀연 깨달았다

-「성체(聖體)」 전문

이 작품은 간략하나마 2연으로 된 대비적인 구조를 띠고 있다. 우선 첫째 연에서는 그리스도 예수의 십자가 고난을 통해 인류의 영육 아우른 구원과 사랑을 제시하고 있으며, 둘째 연에서는 화자가 그와 같은 예수의 크나큰 사랑을 깨닫는 것이다. 예수의 "성체 세우심은" 이란 말과 "그 몸 주신다"는 구절은 시혜자의 아가페적인 사랑인 반면 화자는 "내가 낙상하여" 겪어야 하는 자위적인 육체적 고통이다. 그럼에도 불구하고 화자는 이러한 육체적인 고통을 통하여 절대자의 섭리를 깨닫는다. 특히 혼절하는 가운데 "명멸하는 의식이/벼락에 찢긴다"는 묘사는 사위어가는 자의식에 '벼락'이란 청각적 이미지를 통해 선지자적 음성을 깨닫게 하는 것이다. 한편 화자의 '명멸하는 의식'은 죽음에 직면한 예수의 십자가 대리 체험에 맞닿아 있고 고통으로 '찢기우며/홀연 깨닫'는 행위를 통해서는 처절한 고통을 수반한 자각과 부활, 구원의 섭리에 다다르고 있다. 또한 시의 행간에서는 '이 쓴잔을 내게서 지나가게 하옵소서' 라는 예수의 독백 후에 찾아올 칠흑 같은 어둠과 흑암권세를 불사를 한줄기 불빛이 내재되어 있음을 알 수 있다. 무쇠못, 가시면류관, 창, 비수 등은 무생물로서 참다운 사랑, 생명 그리고 정신을 탄압하는 고난과 시련의 도구로 나타난다.

3. 참회를 통한 세계와의 화해와 용서

김남조 시인의 사랑에 관한 시학은 참회와 고백에서 시작된다. 참회와 고백은 자신을 비우고 풀어내는 일로써 이를 통해서만이 시인은 순수무구한 심정을 유지할 수 있고 세계는 물론 타자와의 화해와 용서에 도달할 수 있다. 시 「참회」의 한 구절을 보면 "사랑한 일만 빼고/나머지 모든 일이 내 잘못이라고/진작에 고백했으니/이대로 판결해 다오//그 사랑 나를 떠났으니/사랑에게도 분명 잘못하였음이라고/준열히 판결해 다오…"에 나타난 바와 같이, 화자는 자신의 잘못을 고백하는 가운데 행간의 의미 변용과 반복을 통해 자신을 심판대에 세운다. 이별한 사랑마저도 자신의 잘못에 연유한다는 주장은 가혹하리만큼 자기 부정적이나 이는 궁극적으로 자아인식과 구원에 연유하는 것이다.

다른 전기적 사실에 근거하면, 시인의 부군이면서 이미 작고한 국립현대미술관장을 지냈던 김세중 교수에 관한 회고 가운데 "미술계의 오랜 숙원이던 미술관을 완공 후 과로와 병발증 등으로 돌연 별세했다"는 내용과 더불어 남편에 관해서 지난날 "안식을 주는 가정, 음식을 데워 기다리는 아내"가 되지 못했음을 안타깝게 여기고 있다. 또한 「나에게」의 시를 보면 "…평점에 이르기를/한 남자를 행복하게 못했으며/여타/이에 준한다는 구나/이제부턴/후회와 둘이 살면서/스스로 판결한 벌을 섬길지니/즉 두 번 다시/이 세상에 손 내밀지 마라"고 맺고 있다. 「참회」에서는 타자를 향해 '준열히 판결'해 달라고 언급했지만 여기서는 이미 "스스로 판결한 법"을 섬긴다는 내용으로 되어 있다. 이는 참회에 이어 찾아온 "이제부턴/후회와 둘이 살면서"라는 깨달음에 기인하고 있다고 볼 수 있다. 이어지는 "두 번 다시/이 세상에 손 내밀지 마라"는 시인 자신에 관한 자성이 담긴 단호한 주문이면서 세계에 대한 완벽주의의 독특한 긴장감이 내재되어 있다.

시인의 작품을 대하면서 늘 긴장을 늦춰서는 안 된다. 시인의 사랑은 의미의 다중성을 내포하고 있기 때문이다. 그가 사랑하는 대상은 이성간의 사랑이면서 동시에 절대자를 향한 기도와 참회의 대상이다. 또한 주변의 일상을 묘사하면서도 의인화 내지는 곧 신앙의 주체인 하느님에게 닿아 있다. "잦은 열병치레이던/사춘기적 열망은 빛바랬으되/내 독백의 습관은/더욱 정직 적막하고 숙달 지경이니/오늘 나의 사랑 고백은/그대에게 바치련다"(「올해의 가을」 일부)와 "가을 서리 한 마당에/화약 그으름도 씻기어라/불인두 들고 설치던 여름도/사람으로 치면/떠나가는 저 분이로구나"(「세월」 일부)에서 보면, 화자가 사랑을 고백해야 할 대상을 '가을'로 설정했다든지 "떠나가는 저 분"을 '세월'로 지칭하고 있다는 점은 일종의 사물에 대한 의인화이다. "불인두 들고 설치던 여름"에서와 같이 사물을 의인화하여 인격을 부여함으로써 시적 주체에 관한 이중성과 긴장감을 확보하고 있다.

> 기어이 저질러 버렸구나
> 사랑의 고백 하나
> 산탄 되어 흩어졌느니
> 꽃 피어서 꽃 지듯이
> 후련히 절로 그리 되었느니
> 생의 이력서에
> 기록될
> 내 마지막 짝사랑이
> 이로서 완성되었다
>
> -「고백」 전문

작품의 표면적 문맥에 의지해 본다면 화자가 사랑을 고백할 대상이 정확히 명시되어 있지 않다. 그러나 여기서 대상에 관한 긴장보다 오히려 "생의 이력서에/기록될/내 마지막 짝사랑"에 집중할 필요가 있다. 화자의 사랑에 관한 고백은 이미 저질러 져 '산탄'이나 꽃잎처럼 화려하게 흩어졌고, 드디어 '짝사랑'이 완성되는 순간이다. '기어이' 저지르기까지 화자는 얼마나 망설였고 기다렸을까. 이와 같은 고백은 위에서 언급한 참회의 고백과는 성격을 달리한다. 그러나 어떠한 고백이든지간에 이는 세계와 타자를 향한 화해의 길을 열어 놓게 된다.

참회와 고백 후에는 자연스럽게 용서가 뒤따른다. 시 「용서」를 보면 "용서 있어야 한다면/기꺼이 용서하리라//처음은/민망한 배고픔과 착오를/스스로 용서하고/아슬아슬 허깨비놀음을/맛있게 받아먹던/눈 먼 세월을/다음으로 용서하고//그 세 번째는/여름 폭양과 가을 햇볕 아래/부상을 안은 채 걸어서 귀환하는/만성불치병의 뜨거운 한 여자를//도리 없이 용서하리"이다. 처음의 "민망한 배고픔과 착오"란 결국 무모한 젊은 시절의 궁핍과 자가당착에 관한 잘못을 지칭하며, 민망함 가운데는 화자의 부끄러움까지도 내포되어 있다. 또한 "허깨비 놀음"과 "눈 먼 세월"은 열정에 들떠 있을 당시의 화자가 소모했던 상황의식이 함유되어 있음을 알 수 있다. 그런가 하면 "만성불치병의 뜨거운 한 여자"가 뜻하는 주체는 뜨거운 열정으로 말미암아 지난한 시련과 고통을 겪으면서 이제는 돌이킬 수 없는 상황에 도달해 있는 시적화자를 의미한다. 결국 이러한 용서는 참회를 통해 찾아온 세계와의 화해로써 화자 자신에 대한 이해이며 자신을 풀어내는 용서의 또 다른 방식인 것이다.

4. 사랑이라는 시적 언어의 존재원리

김남조 시인의 시에 있어 사랑이란 대전제는 시를 지탱해 주는 중심축이다. 시인의 시는 많은 평자들에게 '사랑을 노래한다'는 평을 받고 있는데, 이는 시인이 산문에서 밝힌 바와 같이 좀 '의도적'인 성격을 띠고 있다. 우리가 살아가는 "이 시대가 정의, 평등 등의 결핍과 불균형 못지않게 정서가 메마르고 화해와 사랑이 부족한 현실"(<시를 쏠 때>)이라고 판단한 시인은 의도적이나마 이러한 허점을 보완하기 위하여 공감대가 형성된 '사랑'을 선택했음을 밝히고 있다. 그리하여 최소한 "허무를 제거"하고 "안식을 주는 사랑", 그리고 가능하다면 "구원의 조명"이 비춰질 수 있는 그런 사랑을 노래하고 싶은 것이 시인의 소망이자 '사랑시편'의 존재원리인 것이다. 시 「사랑의 말」에서 "사랑은/말하지 않는 말,/… 사랑은/말해 버린 잘못조차/아름답구나"라고 묘사한 것처럼 시인의 사랑은 사랑 자체로써 존재의 의미를 지니며 "말하지 않는" 묵시적이면서도 이미 화자를 떠난 "잘못조차" 포용할 수 있는 무한함과 숭고함을 더하고 있다.

> 대문 밖에서
> 애들끼리 어울려 잘 놀다가
> 슬며시 혼자 집에 들어
> 엄마 얼굴 한 번 보곤
> 공연히 물 마시고
> 웃으며 다시 나가 노는
> 옛 시절의 한국 아이 같은
> 얄궂은 도령 있어
> 늙으막 내 얼굴을
> 더러 꼭 보자 하네
>
> 봄 한철 베틀에 앉아
> 햇살에서 잣은 실로 비단을 짜서

내 몰골은 가려두고
　　옷 한 벌 지어 내밀까나

　　　　　　　　　　　-「베틀에 앉아」 전문

　이 작품은 회고적인 성격이 강하다. 시에 등장하는 '얄궂은 도령'과 화자와의 관계를 놓고 볼 때, '얄궂은 도령'이 아직 나이 어린 동안(童顔)을 연상케 하는 반면 화자는 '늙으막' 얼굴로 대비되고 있다. 시적인 배경 역시 특정한 시기로 한정한 것이 아닌 '봄 한철'로 설정되어 있음으로 보아 더욱 그러하다. "봄 한철 베틀에 앉아/햇살에서 잣은 실로 비단을 짜서/내 몰골은 가려두고/옷 한 벌 지어 내밀까나"에서는 '베틀'이란 전통 기구를 등장시켜 화자가 처해있는 공간을 과거의 회고적인 공간으로 이끌고 있으며 '햇살에서 잣은 실'이란 구절에서는 동화와 설화적인 내용을 묘사해 내고 있다. 그러면서도 여전히 화자는 자신의 "몰골은 가려두고/옷 한 벌 지어내" 볼까 하는 다소 소극적인 시적 진술의 형태를 취하고 있는데 이는 여전히 회고성에 기인하기 때문이다. 특히 도령에 견주는 비교관념을 '아이'로 설정하고 '봄 한철', '햇살'과 같은 시어를 배치함으로 작품 전체를 밝고 건강하게 만든다. 결국 이는 화자의 과거 회고적인 사랑과 현실을 절묘하게 대비시켜 한 폭의 사랑을 형성화시키는데 성공하고 있다.

5. 신화적 상상력, 시지프스의 아내

　<시지프스의 신화>에서 시지프스는 개울(川)의 신인 아소포스

의 딸 아이키나가 유피텔에게 유괴당했다는 사실을 고린트스의 성곽에 물을 제공해준다는 조건으로 아소포스에게 알려주게 된다. 이는 결국 하늘의 비밀을 누설했다는 명목으로 하늘의 신의 노여움을 사게 되어 저주를 받게 되었고, 커다란 바위를 산정을 향해 무작정 밀어 올리게 된다. 그러나 그에게 내려진 벌 때문에 쉴 사이 없이 바위를 산꼭대기로 밀어 올리지만 그 행동 자체의 의미는 없다. 그 바위를 산꼭대기로 밀어 올린다는 것은 고역을 동반한 매우 힘든 노동이고 어리석은 짓이며, 바위를 굴려 겨우 정상에 올려놓는다고 하더라도 산정에까지 운반된 순간 바위는 다시 아래로 굴러 떨어지기 때문이다. 즉 벌을 받아 밀어 올리는 행위는 정당화될 수 있지만 그 행위 자체의 당위성은 없다. 그러나 시지프스는 자기의 운명을 탓하거나 주변을 원망하지 않고 그 바위를 산정으로 밀어올리기 위하여 쉼 없이 노력하고 있다.

한편 굴러 내리는 큰 바위를 산정으로 밀어 올리는 행위는 인간의 불합리한 운명을 내포하고 있다. 인간과 세계의 갈등에서 오는 절망, 근원적으로 해소될 수 없는 부조리, 그리고 인간의 이상과 현실간의 괴리, 이는 인간이 궁극적으로 피할 수 없는 '비극적 운명'에 대한 실존적 고찰이다. 이는 까뮈의 '부조리 사상'의 근원이 되고 있는데, 행복이란 애초부터 인간에게 합리적으로 준비되어 있지 않으며 아득한 절망만이 예비 되어 있는 것이다. 인간의 합리에 대한 '욕망'과 세계의 '몰합리', 이러한 이율배반적인 모순만이 잉태되어 있을 따름이다.

김남조 시인은 신화 속의 불운한 주인공 시지프스에게 무한한 애정을 드리우며 그의 어깨를 짓누르는 바위, 인간의 자유를 구속하는 족쇄를 다른 각도에서 형상화하고 있다.

새천년 첫눈 오는 날에도
그는 산에 오른다
솔기도 없는 거대한 눈덮개가
설산설원을 더 한 겹 다독이니
천지가 숭엄무량하다

그의 바위 먼저 닿은 후
그가 산정에 올라선다
발자국 하나 없는 천지개벽에
그와 바위, 오로지 돌뿐이라

맨 처음 산행의 업보가
선고되던 날
그의 갈비뼈 하나를 돌 속에 심었기에
가멸한 그의 인기척에도
바위는 귀하게 불을 밝히고
언제라도 그의 산행을 따라 나선다
이로 인하여
새 천년 첫눈 오는 날도
산상의 시지프스는 젊고 용맹하며 외롭지 않다
아내여 나의 아내여라고

그는 감미롭게 고백하며
시린 돌 위의 눈을 쓸어준다

-「시지프스・4」전문

작품 가운데 주목을 요하는 것은 산과 바위와 아내이다. 시지프스 앞에 놓여진 산은 산행을 위한 산이면서 반면 업보를 감당해야 할 운명적인 고행의 노정이다. 산은 산을 구성하는 다양한 요소들로 말미암아 다양한 상징적 의미를 지니고 있지만, 일반적으로 언덕이나 산정은 명상, 정신적 고양, 지복과의 친교를 상징한다는 점에 주목할 필요가 필요가 있다. 또한 산봉우리가 신비성을 암시하는 것은 그것이 지상과 하늘이 서로 만나는 지점, 곧 축이 통과하는 중심이기 때문이다. 시지프스가 끊임없이 산을 오르는 행위는 운명적인 업보이면서 하늘을 향한 상승 지향성을 내포하고 있다.

다음으로는 바위, 돌이라는 물질적 상상력의 이미지이다. 돌은 딱딱하다. 모든 것이 틈새 없이 응결되어 있는 것이 돌이다. 돌의 이미지는 단단한 만큼 그 속에 내밀한 상상력을 유발시킨다. 돌의 이미지는 종종 형이상학적인 질료로서 인간의 내부에 간직하고 있는 본질을 상징하고 있으며 풍부한 상상력과 창조력을 불러일으키는 정신적 산물이다. 작품 가운데 "맨 처음 산행의 업보가/선고되던 날/그의 갈비뼈 하나를 돌 속에 심었다"는 구절은 이중적인 신화적 의미가 내포되어 있다. 성서적 상징에 의하면 '갈비뼈'는 여성의 창조를 나타내고 외형을 갖출 수 있는 대상성을 의미하며, 돌은 반석으로 생명을 구원할 그리스도를 상징한다. 시인의 신화적 상상력은 생명의 구원을 '흙에 생기를 불어넣는' 성서적 상징을 넘어서 바위에 투영된 아내라는 대상을 확보함으로써 "산상의 시지프스가 젊고 용맹하며 외롭지 않을 수 있다"는 견해로 발전한다. 따라서 시인의 산문의 일단을 보면 그의 시작(詩作)에서의 시지프스가 '시지프스의 아내'로 변용되어 "시지프스의 아내여, 돌을 끌어 올릴 땐 돌 생각을 하여라. 그러나 빈손으로 산길을 내려 올 땐 사랑 생각을 하여라."(<시지프의 아내>)며 사랑의 존재가치를 언급하면서 '여자가 좋아하는 사랑'임을 강조하고 있다.

그렇다면 시지프스의 변용으로 나타나는 '시지프스의 아내'는 누구일까? 시인의 산문에 기대어 보면 결국 시인은 시적화자를 대상으로 "여인이여, 일하는 기계처럼 평생을 일 속에 파묻고 사는 당신을 불러 본다. 춘하추동 이마에 땀방울을 맺고 이름도 없는 잡역에 몸을 던지는 당신. 정신의 노동, 감정의 가동에 평생이 하루 같은 당신을 불러 본다.…, 수시로 불타는 그대."(<시지프스의 아내>)라며 자신이 투영된 시적자아를 부르게 된다. 스스로를 불태우며 평생을 시업(詩業)이란 바위를 산정을 향해 밀어 올리며 살아온 도정, 시인은 어느덧 시지프스의 아내가 되어 또 다른 '정신의 노동'을 위해 산정을 내려올 때조차 사랑을 되뇌고 있는 것이다. "이 노동엔 끝이 없다. 수십 수백 번을, 그리하여 죽을 때까지도 되풀이 된다" 할지라도, 이것이 비록 풀릴 수 없는 '형벌의 사슬', '영원한 노동'일지라도 시인은 피하지 않고 늘 산정을 향해 서 있다. 계속 굴러 떨어지는 詩라는 바위를 산정으로 밀어올리고 있는 일상이 허무하고 추상적일지라도 사랑을 통한 구원과 새로운 가치 체계를 위해 그 자리에 서 있는 것이다.

　김남조 시인은 '거대한 사랑의 모범'과 시업(詩業)을 위해 막달라 마리아의 영토로 상징되는 신앙과 문학의 기슭에 기항하고 있다. 시인의 시 「먼 축원」에서 "하루는 한 몸 내외인 걸/낮과 밤으로 쪼개진" 것처럼, 내외인 신앙과 시업(詩業)이 합쳐 한 몸이 된 시인에게서 육화되어 나타난 시인의 '사랑시편'들은 구원을 통한 사랑의 지평을 확장, 그 깊이와 넓이를 더하여 점차 사랑의 완성도를 높이고 있다.

영혼과 가슴

인쇄일 초판 1쇄   2004년 05월 12일
　　　　　2쇄   2018년 01월 23일
발행일 초판 1쇄   2004년 05월 28일
　　　　　2쇄   2018년 01월 25일

지은이 김 남 조
발행인 정 진 이
발행처 새미
등록일 1994.03.10, 제17-271호

서울시 강동구 성내동 447-11 현영빌딩 2층
Tel : 442-4623~4 Fax : 442-4625
www.kookhak.co.kr
E-mail : kookhak2001@hanmail.net
ISBN 978-89-5628-111-7
가 격 8,000원

* 새미는 국학자료원의 자매회사입니다.
*저자와의 협의 하에 인지는 생략합니다.